LA COMMANDERIE

DE

Villedieu-

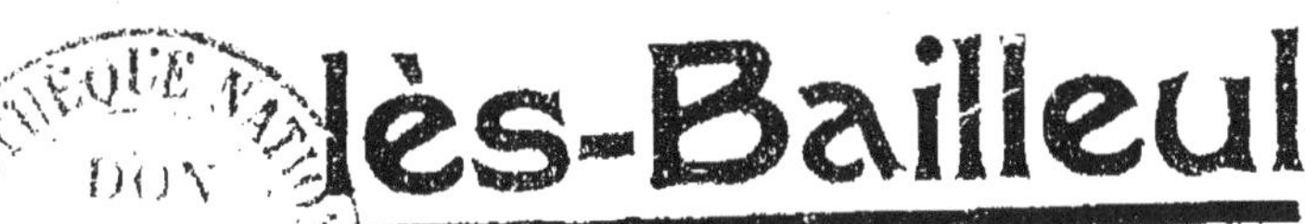

lès-Bailleul

(ORNE)

Ordre de Saint-Jean-de-Jérusalem

Par Louis DUVAL
Archiviste du Département de l'Orne
Correspondant du Comité des Travaux Historiques
et de la Société Nationale des Antiquaires de France

(Ouvrage orné de plusieurs Gravures)

ARGENTAN
Imprimerie A. DAMOISEAU
6, Rue du Collège, 6

1903

A M. Léopold Delisle
hommage respectueux
Louis Duval

LA COMMANDERIE

DE

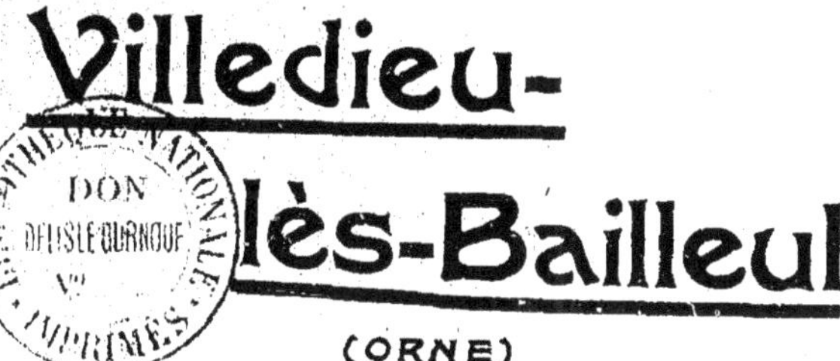

(ORNE)

Ordre de Saint-Jean-de-Jérusalem

Par Louis DUVAL

Archiviste du Département de l'Orne

Correspondant du Comité des Travaux Historiques

et de la Société Nationale des Antiquaires de France

(Ouvrage orné de plusieurs Gravures)

ARGENTAN

Imprimerie A. DAMOISEAU

6, Rue du Collège, 6

1903

LA COMMANDERIE

DE

VILLEDIEU-LÈS-BAILLEUL

Que reste-t-il aujourd'hui de la Commanderie de Villedieu-lès-Bailleul ; où sont ses chartes royales, soigneusement gardées depuis le XIIe siècle dans un coffre de chêne, couvert et relié de bandes de fer ; où sont les pierres tombales gravées et armoiriées sur lesquelles se lisaient les noms des commandeurs ?

Cet anéantissement de tout un passé s'est accompli tout d'un coup, dans des circonstances encore imparfaitement connues, avec une violence inouïe, et il n'en est resté dans l'imagination du peuple qu'un souvenir analogue à celui que laisse, dans les pays qu'ils ravagent, le passage subit d'une trombe ou d'un cyclone.

Quelques jours après le 14 juillet 1789, dans toute la France, un double mouvement se produisit. D'une part la nouvelle se répandit de l'abolition du régime féodal, de la gabelle, des aides, de tout ce dont le peuple avait souffert, de tout ce qu'il regardait comme la cause de sa misère. D'autre part des émissaires inconnus annonçaient partout que des bandes armées s'avançaient, semant la mort et l'incendie sur leur passage. Ce fut comme une traînée de poudre, à laquelle un imprudent, ou un misérable, a mis le feu. Dans toutes les villes, les habitants s'armèrent et détruisirent les bureaux de recette ; dans les campagnes ce fut bien pis, on s'attaqua aux châteaux et l'on mit le feu aux chartriers.

A Argentan, la nuit du 19 juillet, le peuple se porta au bureau des aides et brûla les registres. A Mortrée, où existait également un bureau, la maison du receveur fut forcée et les livres jetés au feu. Les chefs de l'émeute étaient, dit-on, le maître de poste et les postillons.

A Laigle, on eut bien de la peine à obtenir de la populace qu'elle se contentât de démolir le bureau, sans y mettre le feu, ce qui aurait occasionné l'incendie de toute la ville.

Le 23 juillet une autre émeute éclata au Mesnil de Briouze et à Lignou. On y avait publié une prétendue déclaration du roi, qui ordonnait à tous les vassaux de brûler tous les chartriers, pour ne laisser aucun vestige de la féodalité que les États-Généraux venaient de supprimer.

Armés de fusils, de faux, de haches, les habitants insurgés, au nombre de plus de trois cents, forcèrent le seigneur de Lignou de Briouze, M. Le Forestier, à leur livrer tous les papiers de son chartrier qui furent brûlés au milieu de la cour du château, pêle-mêle avec les titres de famille et de propriété qui s'y trouvaient et qu'ils s'étaient fait remettre de force.

Le chartrier de la baronnie de Briouze fut, le même jour, livré aux flammes.

Des scènes analogues eurent lieu dans la plupart des localités où existaient des chartriers et se renouvelèrent plus d'une fois pendant la Révolution qui suivit. A Villedieu-lès-Bailleul nous ne savons pas exactement comment les choses se passèrent, mais voici ce que constate un procès-verbal dressé dans les bâtiments de la Commanderie, par le juge de paix du canton de Trun, le 17 décembre 1792 :

« A l'époque où les paroisses étaient en mouvement, pour trouver les armes et les munitions, un grand nombre d'habitants de cette paroisse se transportèrent au lieu où nous sommes actuellement, pour y vérifier s'il n'y avoit aucunes armes ou munitions ».

L'ancienne habitation du commandeur, occupée alors par un paisible fermier, Michel Fouquet, n'avait nullement l'aspect d'une forteresse ; il fallait avoir l'imagination terriblement exaltée pour y chercher un arsenal, et elle ne renfermait ni armes ni munitions. La foule s'attaqua alors au chartrier, conservé, comme nous l'avons vu, dans un coffre de chêne, recouvert de cercles de fer et muni de plusieurs serrures qui furent forcées. Par respect peut-être pour les souvenirs que rappelaient ces vénérables documents, ceux qui étaient à la tête du mouvement procédèrent avec plus d'ordre qu'on ne le fit ordinairement. Registres et parchemins furent mis en ballots et déposés chez le citoyen Jacques Viel, maire de la commune, dans une armoire, sur laquelle furent apposés les scellés et dont les clefs furent remises à Louis Charpentier, officier municipal.

La conservation de ces titres paraissait ainsi assurée ; mais vers la fin de 1792, Louis Charpentier, sur les menaces qui lui furent faites et sur les injonctions du nommé Etienne Cardon, remit les clefs à l'enfant de celui-ci.

Etienne Cardon déclara en effet devant le juge de paix, et celui-ci a consigné dans son procès-verbal « qu'il a connaissance que les dits titres et papiers ont été brûlés, dans la paroisse, dans le clos du maire, mais *ne sait par qui ni pourquoi*, ce qu'il a signé : Etienne Cardon.»

Un écrivain célèbre qui a pendant quelques années habité Argentan, en qualité de profès du couvent des Capucins de cette ville, l'abbé de Vertot, membre de l'Académie des Inscriptions et Belles lettres (1), a fait, en termes éloquents, l'éloge des chevaliers de Saint-Jean de Jérusalem en tête de son *Histoire de Malte.*

« J'entreprends d'écrire l'histoire d'un ordre hospitalier, devenu militaire et depuis souverain, que le zèle de défendre les Lieux-Saints arma ensuite contre les infidèles et qui, au milieu d'une guerre continuelle, sut allier les vertus paisibles de la religion avec la plus haute valeur dans les combats ».

L'importance de la Commanderie de Villedieu-lès-Bailleul, malgré la destruction des titres conservés dans son chartrier, est attestée par de nombreux documents authentiques.

Les Archives de l'Orne, en effet, déposées à la Tour du Temple, ont été réunies aux Archives

---

(1) *Souvenirs du Collège d'Argentan.* Discours prononcé par M. L. Lautour, Maire d'Argentan, à la distribution des prix du Collège le 13 août 1845. In 8°,

Vertot d'Aubœuf (René-Auber de), né au château de Bonnetot, en 1655, était entré dans l'ordre des Capucins vers l'âge de quinze ou seize ans, en 1674, il avait fait profession à Argentan, mais le 7 Février 1675, il avait obtenu un bref qui lui permettait, à cause de la délicatesse de sa santé, d'entrer dans un ordre moins sévère, celui des chanoines de Prémontré.

Nationales en 1792 et y sont conservées. L'analyse, malheureusement, n'en a pas été publiée. Les amis des études historiques attendent ce nouveau service de l'iradition de notre savant confrère, M. Delaville Le Roulx.

Pour donner une idée de l'importance de ce fonds, il suffit de dire qu'à elle seule, la Commanderie de Villedieu-lès-Bailleul renferme environ une trentaine de liasses, sous les cotes M 15, S 5049-5057-5212-5512-5526, et que ces documents remontent au XIIe siècle.

Tant que l'exploration complète de ce riche fonds n'aura pas été faite, plusieurs points très importants resteront obscurs dans l'histoire des Commanderies du Grand-Prieuré de France. M. Léchaudey d'Anisy, par exemple, dans son mémoire intitulé *Documents historiques touchant les Templiers et Hospitaliers en Normandie*, affirme, en s'appuyant sur le *Livre-Vert* du Grand Prieuré, qu'il n'y avait en Basse-Normandie que quatre Commanderies : Baugy, au bailliage de Caen ; Bretheville-le-Rabel, dans la vicomté de Falaise ; Villedieu-lès-Poëles, à quatre lieues d'Avranches, et Valcanville, dans l'élection de Valognes.

D'après cet écrivain, Villedieu-lès-Bailleul n'aurait été qu'un simple membre de la Commanderie de Villedieu-lès-Poëles. Il résulte, au contraire, du simple examen des fonds des Commanderies aux Archives nationales, que Villedieu-lès-Bailleul l'emportait de beaucoup sur Villedieu-lès-Poëles, qui n'a même pas d'article à part dans l'*État sommaire par séries des documents conservés aux Archives Nationales.*

Il n'en est pas moins vrai que Guillaume de

Jumièges (1) assigne aux libéralités de Henri Ier, roi d'Angleterre, mort en 1135, l'origine de la Commanderie de Villedieu-lès-Poëles. Certains historiens d'Argentan sont mêmes partis de là pour affirmer que la Commanderie de Villedieu-lès-Bailleul devait avoir la même origine (2). D'autres, s'inspirant de l'opinion du rédacteur du *Terrier de 1741*, et les auteurs même de la remarquable publication consacrée à Villedieu-lès-Poëles, à laquelle nous ferons de nombreux emprunts, ont cru qu'il s'agissait, au contraire, d'un rétablissement des Hospitaliers de Saint-Jean-de-Jérusalem, beaucoup moins connu, à savoir, Villedieu-de-Sautchevreuil, commune de Sainte-Scolasse (3).

Les confusions entre les différentes Commanderies de ces Ordres, qui portaient le nom de Villedieu, s'expliquent sans peine. On comprend dès lors que ce n'est qu'à la suite d'un examen complet des documents qui concernent chacune d'elles, que l'on pourra être fixé définitivement sur leur histoire.

On sait toutefois que les possessions de la Commanderie de Villedieu-lès-Bailleul furent confirmées par Geoffroy Plantagenet, comte d'Anjou, duc de Normandie, et plus tard par Richard Cœur de Lion, roi d'Angleterre, et que les rois de France, lorsqu'ils furent devenus maîtres de la Normandie, s'empressèrent de renouveler les

---

(1) *Recueil des Histoires de France*, t. XII, p 581, a.

(2) Bailleul (J. P. T.). *Description locale des 169 paroisses qui composaient l'ancienne vicomté d'Argentan*. m. 1, art. Villedieu-lès-Bailleul.

(3) Joseph Grente et Oscar Havard, *Villedieu-les-Poëles, sa commanderie, sa bourgeoisie, ses métiers*. Librairie Champion, 3, quai Voltaire, Paris, 1898-1900, 2 vol in 8°, plan.

2

chartes qui assuraient aux Hospitaliers la possession des biens assignés à cette Commanderie. C'est ainsi que Philippe-le Bel, par une charte du mois d'octobre 1293, accorda aux Hospitaliers de Villedieu-lès-Bailleul des lettres d'amortissement pour une rente à Tercé (*apud Terceium*), provenant de la libéralité de Guillaume de Grésy, frère de l'Hôpital de Villedieu de Saint-Chevreuil; pour un rente à Villers-le-Galois (commune de Montabard), provenant des dons de frère Guillaume de Brevaux (*Beuraux*); une autre à Vrigni (*Vérigne*); un autre au Mesnil (peut-être Ménil-Glaise), du don du frère Guillaume Le Fèvre; un autre à Rouvres (?); d'autres enfin à la Poterie-des-Vignats, à la Cochère, à Argentan, à Trun, à Coulonces (1)

Le travail actuel ne doit être évidemment considéré que comme provisoire. C'est un simple aperçu, en attendant le dépouillement méthodique que nous promet M. Delaville Le Roux. Nous avons voulu, en présence du monument élevé par M. Grente et Havard à la gloire des commandeurs de Villedieu-lès-Poëles, essayer de montrer, par avance, que les Annales de Villedieu-lès-Bailleul ne le cèdent en rien à celles de toute autre Commanderie du même ordre, et payer ainsi un juste tribut d'hommage à la mémoire des braves chevaliers qui y ont vécu.

(1) Note de M. J. Delaville Le Roulx.

II

Nous demandons d'abord la permission de consacrer quelques instants à l'examen d'une des chartes relatives à cette Commanderie, qui présente un intérêt particulier, parce qu'elle nous fournit des renseignements précis sur la condition des habitants de Villedieu et des environs à l'époque féodale. C'est une charte du XIIe siècle, publiée par M. Léopold Delisle (1) qui nous fait connaître une des obligations les plus dures auxquelles étaient soumis les vassaux de la Commanderie. Elle constate que les chevaliers de l'ordre du Temple, de même que ceux de Saint-Jean de Jérusalem, avaient droit, à cette époque, à la mort de leurs hommes, de prendre le tiers de leurs biens. Cette dure condition était spécialement imposée à ceux de Saint-Lambert-sur-Dives, en conséquence d'une charte de Robert de Milcent qui, avec Richard, son frère, avait donné une de ses terres à un chevalier hospitalier.

Mais si la condition sociale des hommes de la Commanderie de Villedieu-lès-Bailleul était alors peu relevée, il est d'autant plus intéressant de constater qu'au commencement du XIVe siècle, un progrès considérable avait été accompli au profit de la classe du Tiers-Etat. La profession d'avocat, à cette époque, et dès le XIIIe siècle, avait acquis une importance en rapport avec les complications croissantes de la procédure.

---

(1) *Etudes sur la Condition de la classe agricole en Normandie au Moyen Age*, 1851, p. 100, note 21.

Chaque établissement ayant des intérêts à défendre était tenu, dès lors, d'entretenir à l'année un ou plusieurs hommes de loi. C'est ainsi qu'en 1298, les religieux de l'abbaye de Silli s'engagèrent à faire à Guillaume le Queu, écuyer, une pension viagère de 100 sous tournois, à charge par lui, de mettre, sa vie durant, au service de l'abbaye ses conseils et son talent d'avocat, dans toutes les affaires qu'i's pourraient avoir dans les vicomtés de Falaise et d'Alençon, avec toute espèce de personne, sauf le seigneur dudit Guillaume le Queu et ses parents, jusqu'au degré de cousins-germains (1)

Or, en 1319, dans un état des charges de la Commanderie de Villedieu-lès-Bailleul nous trouvons cet article :

« Item pour trois pledeurs pensionnaires, dix livres tournois (2). »

Les relations de propriété qui existaient entre la Commanderie de Villedieu-lès-Bailleul et le prieuré de Saint-Lambert-sur-Dives, sont établies par plusieurs actes, notamment par une transition, du 6 janvier 1446 (n. s.) passée devant Ysambart Lefort, lieutenant général de Jehan de Pierres le jeune, vicomte de Villedieu-lès-Bailleul. Il y est dit que frère Denis Coulon, gouverneur de la Commanderie de Villedieu renonça alors à l'action qu'il avait intentée contre frère Jehan Hamon, prieur de Saint-Lambert-sur Dives, au sujet des arréages de six septiers d'avoine qu'il avait droit de prendre sur la dîme de la dite paroisse (3).

---

(1) *Cartulaire de Silli*, f° 185, v°.

(2) Archives nat. s. 5049. — Cité par M. Léopold Delisle. *Cartulaire Normand* n° 647, n° 39.

(3) Fonds latin 10,070, n° 79. — V. aussi aux Archives de l'Orne, H. 1919, aux chartes de 1495, relative à la dîme de Saint-Lambert.

III

Grâce à la magnifique publication que MM. Joseph Grente et Oscard Havard, viennent de consacrer à la Commanderie de Villedieu-lès-Poëles, il nous est possible de donner la liste de nos commandeurs de Villedieu-lès-Bailleul, depuis le XVe siècle jusqu'à la Révolution.

Le premier que nous rencontrons, après Denis Coulon, que nous venons de nommer, et qui fut témoin de la guerre de Cent-Ans, c'est frère Pierre Lavie.

Sa pierre tombale se voit encore dans l'église de Villedieu-lès-Bailleul et on y lit l'inscription suivante, à demi effacée :

CI GIST ... FRÈRE PIERRE LAVIE, *en son vivant commandeur de sceans et de Villedieu de Montchevreul, lequel trépassa le premier jour de Février l'an* MIL CCCC IIII XX IIII. *Priès Dieu pour luy.*

L'effigie du Commandeur, gravée en creux, est placée sous une arcade ogivale ; il est représenté couché, les mains jointes sur la poitrine ; il porte une robe à plis qui descend au-dessous du genou ; son épée est suspendue à sa ceinture. C'est peut être l'occasion de dire que d'après la règle de l'ordre, les chevaliers portaient, en outre, pardessus la robe, un manteau noir, orné d'une croix à huit pointes, dite croix de Malte : en temps de guerre, ils revêtaient la cotte d'armes rouge, avec la croix de l'ordre.

L'inscription qui encadre cette effigie appelle un commentaire.

Comme nous l'avons vu, Villedieu-de-Montchevrel ou Villedieu-sous-Montchevrel était un autre établissement des chevaliers de Saint-Jean de Jérusalem, situé en la paroisse de Sainte-Scolasse-sur-Sarthe, dont les biens provenaient, en partie, de ceux que les Templiers possédaient dans le diocèse de Sées avant leur suppression. La chapelle était sous le nom de Sainte-Marie-Madeleine. Le vicaire de Saint-Aubin-d'Appenai en acquittait les fondations, moyennant une rente de 40 livres que lui faisait le commandeur. Les revenus de ce bénéfice s'élevaient à 750 livres, y compris le produit d'un moulin banal, situé sur le ruisseau de la Fontaine. Le commandeur y possédait des droits de haute et basse justice, qu'il faisait exercer par un bailli, un procureur fiscal et un greffier (1).

Le troisième Commandeur de Villedieu-lès-Bailleul, dont le nom nous soit connu, est Hugues de Boufflers. Il est cité parmi les chevaliers qui se sont illustrés pour la défense de Rhodes. Il était fils de Jacques Boufflers, mort en 1477, et de Perronne de Ponches. C'est sous lui qu'eût lieu, vers 1499, l'adjonction de la Commanderie de Villedieu-lès-Bailleul à celle de Villedieu-lès-Poëles. En 1510, il était encore Commandeur de Villedieu et de ses dépendances, Montchevreul et Sautchevreul.

Armes : d'argent à neuf croix recroisettées, de gueules 3, 3, 3 et trois molettes de gueules, 2 et 1.

---

(1) Lechaudey d'Anisy. *Documents histor. sous les Templiers et les Hospitaliers en Normandie.* Mém. de la Société des Antiq. de Normandie. T. XIV. p. 371.

Jean de Marle qui lui succéda comme commandeur de Villedieu-lès-Bailleul, en 1520, avait été reçu dans l'ordre le 18 juin 1512, et avait été désigné, en 1516, pour assister au chapitre général tenu à Rhodes. Cette Commanderie était vacante lors de la tenue du chapitre qui eût lieu au mois de juin 1523, où il fut dit que feu Jean de Marle l'avait affermée, deux ans auparavant, par un long bail qui fut annulé. Elle fut affermée de nouveau, à la suite d'une mise aux enchères, au profit du trésor de l'ordre. Frère Antoine de Wargnier ou Vernier, dit Bléville, en fut déclaré adjudicataire, pour la somme annuelle de 430 livres.

Ce chevalier continua, jusqu'au mois de juin 1524, à gérer le temporel de la Commanderie de Villedieu-lès-Bailleul et de ses dépendances.

Louis de Dinterville, né le 25 juin 1503, fils de Gaucher de Dinterville, seigneur des Chenets, Veulay, maître d'hôtel du Roi, bailli de Troyes, gouverneur du Dauphin, fut placé à la tête de la Commanderie de Villedieu-lès-Bailleul, au chapitre de 1525. Cette nomination donna lieu à un conflit, Louis de Vallée, dit Passy, ayant obtenu concurremment des bulles du Conseil de l'ordre. L'affaire portée devant le Grand Maître fut résolue en faveur de Louis de Dinterville qui, dans une assemblée provinciale des chevaliers, tenue le 2 novembre 1530, prend le titre de commandeur de Villedieu-lès-Bailleul. Il mourut à Malte, le 22 juillet de l'année suivante.

Armes : de sable à deux lions léopardés d'or.

Denis de Vielzchastel, fils de Philippe de Vieilzchastel, écuyer, et d'Anne de Guibert, fut nommé commandeur de Villedieu en 1532.

Armes : d'azur à trois lions rampants, couronnés, armés et lampassés d'or.

IV

Dans cette revue rapide de nos commandeurs il est une figure devant laquelle nous sommes forcés de nous arrêter et qui mériterait un portrait en pied. C'est celle de Claude de la Sengle. Ce n'est pas d'ailleurs sans quelque surprise que nous découvrons dans la paisible commanderie

Maison du XVe siècle dite le Manoir (côté Nord-Est)

de Villedieu-lès-Bailleul, en 1542, un des chevaliers qui ont acquis le nom le plus illustre parmi les intrépides défenseurs de Malte. Claude de la Sengle était âgé de quarante-huit ans, puisqu'il était né en 1494. Il est à croire qu'alors il ne songeait guère à s'élever à la plus haute distinction de l'ordre. La Commanderie de Villedieu-lès-

Bailleul était certainement une résidence agréable, quoique modeste Ce petit coin de terre, nous écrit un ami, dont le crayon élégant et fidèle, nous aidera à donner quelque relief aux souvenirs qui s'y rattachent, ne manque pas de charme, sous le rapport de la variété des aspects. L'air est très pur; le voisinage des bois contribue à l'assainir et en rend le séjour agréable. Du haut de la tour servant de cage à l'escalier de cette maison du xv siècle qu'on voit encore à Villedieu et qui rappelle sa grandeur passée, on découvre un horizon très étendu, les bruyères qui s'étendent du côté des Vaux-d'Obin, les hautes collines du pays d'Auge, Bailleul et la magnifique plaine de Trun.

C'était un lieu de repos où l'on envoyait souvent les chevaliers se refaire de leurs blessures, de leurs fatigues ou ceux dont la santé avait pu être altérée par le climat de Malte, qui ne convient pas à tous les tempéraments. Or, tel parait avoir été le cas de Claude de la Sengle. C'est ainsi que l'on peut s'expliquer que cette Commanderie ait eu quelque temps l'honneur insigne d'avoir comme titulaire un chevalier qui bientôt fut appelé au poste éminent de grand hospitalier, chef de la Langue de France et ensuite à celui d'ambassadeur de l'ordre auprès du Saint-Siège. Il remplissait cette mission à Rome en 1553, lorsque survint la mort du grand maître, Pierre d'Homèdes. Une assemblée générale des chevaliers fut immédiatement convoquée pour l'élection d'un nouveau grand maître.

Tout d'abord, une candidature parut s'imposer aux chevaliers, dans l'assemblée qui fut tenue à Malte, le 11 septembre 1553, celle de Léon Strozzi, prieur de Capoue, premier général des galères, connu par ses entreprises glorieuses, dévoué à la France et fils du fameux Strozzi qui, fait prisonnier par Côme de Médicis, s'était poi-

Détail de la Tour et de Partie de la Façade

gnardé après avoir gravé de la pointe de son poignard sur le mur de son cachot, ce vers célèbre :

Exoriare aliquis nostris ex ossibus ultor.

Le conservateur conventuel de l'Ordre, Georges Vagion prit alors la parole et représenta aux électeurs que, dans les circonstances actuelles, ce qu'il importait, c'était de choisir pour grand maître un homme d'un caractère ferme et indépendant, dépouillé de toute passion et de toute vue d'ambition personnelle. Le commandeur Claude de la Sengle, aussitôt proposé, quoique absent, réunit la majorité des suffrages et fut proclamé grand maître. Deux ambassadeurs furent envoyés pour lui notifier sa nomination, mais ils furent prévenus par le chevalier de Montgaudri, qui réussit à arriver à Rome secrètement avant eux. Le gouverneur du château Saint-Ange fit tirer le canon pour annoncer cette nouvelle qui fut à Rome l'occasion d'une fète publique. On fit avancer jusqu'à Terracine les galères qui devaient conduire à Malte le nouveau grand maître, et Strozzi lui-même, qui les avait amenées, les fit garnir de soie et d'or, au chiffre de Claude de Sengle et pavoiser de ses armes : Croix de sable, accompagnée de coquilles d'argent. Son entrée au phare de Messine ne fut pas moins brillante.

Le 1er janvier 1554, il fut reçu à Malte et descendit en la cité sur un pont ingénieusement composé en forme de coquilles, pour faire allusion aux armes de sa famille.

Les actes de Claude de la Sengle comme grand maître, appartiennent à l'histoire de l'ordre. Nous devons nous borner à signaler quelques-uns de ceux qui émanèrent de son initiative personnelle. Sous son gouvernement, les Strozzi et Jean de la Valette firent plusieurs prises importantes sur les pirates barbaresques qui infestaient les côtes de la Sicile et du royaume de Naples. Cet exemple fut de même suivi par un certains nombre de simples commandeurs auxquels leur fortune permettait d'armer des vaisseaux en course et d'assurer la liberté du commerce des chrétiens dans la Méditerranée.

Le sultan Solimon II en prit ombrage et annonça le dessein de chasser les chevaliers de l'île de Malte, aussi bien qu'il l'avait fait, quarante ans auparavant, à l'île de Rhodes, malgré l'héroïque défense du grand maître Villiers de l'Isle-Adam. Pour parer à un pareil malheur, Claude de la Sengle résolut de mettre Malte et ses dépendances à l'abri de toute attaque Par ses ordres. les galères de la Religion (c'est ainsi qu'on appelait les navires de guerre armés par le Grand Maître de Malte), reprirent leurs courses sur les côtes de la Méditerranée d'où elles ramenèrent bientôt des prises importantes qui furent employées à l'approvisionnement des magasins de l'île. La Valette enleva aux Turcs trois vaisseaux chargés de blé destiné à Constantinople et à l'Egypte

En même temps, le Grand Maître s'occupait de faire élever de nouveaux ouvrages de défense au fort de Saint-Elme, où il fit construire un grand éperon, et à l'île Saint-Michel, qu'il fit enclore d'épaisses murailles, du côté opposé au rocher de Corradin. Ces murailles furent, en outre, fortifiées de boulevards et de bastions et, dans les fossés nouvellement creusés, on fit circuler l'eau de la mer. En mémoire du service signalé que ce Grand Maître avait rendu à la Religion, par l'exécution de ce grand travail, les chevaliers donnèrent son nom à cette île qu'il avait rendue inexpugnable, et qui porte depuis le nom d'Ile de Sengle.

Au moment où la mise en état de défense était achevée, un cyclone effrayant, qui dura environ une demi heure, vint s'abattre sur Malte. Quatre galères furent renversées, les carènes en haut ; plusieurs brigantins et galiotes furent mis en pièces, et plus de six cents hommes, officiers, soldats ou rameurs perdirent la vie.

Les princes chrétiens, à l'appel du Grand Maître, vinrent au secours de l'ordre. Claude de la Sengle, pour donner l'exemple, fit construire à ses frais, dans le port de Messine, une galère dont les rameurs, tirés des prisons pontificales et pris parmi les forçats condamnés par la justice, furent libéralement offerts par le pape. Le roi d'Espagne Philippe II, donna deux galères.

Les commandeurs riches mirent leurs ressources personnelles à la disposition de ce Grand Maître. Philippe du Broc, ancien chevalier de la langue de Provence, et prieur de Saint-Gilles, donna un grand galion que le commandeur Pascal du Broc, son neveu, conduisit à Malte, chargé de provisions de guerre et de bouche, et armé de bons soldats. Presqu'en même temps, on vit arriver dans le port, avec deux galères, François de Lorraine, grand prieur de France.. Profitant du désarroi dans lequel Malte s'était trouvée par suite de la destruction presque totale de la flotte, un corsaire audacieux, nommé Dragut, réussit à y aborder, sans coup férir, avec sept galères, chargées de troupes de débarquement, ravagea la campagne et fit un grand nombre de prisonniers qu'il mit immédiatement aux fers en qualité d'esclaves. Heureusement le commandeur Louis de Lastic, grand maréchal de l'ordre, put arriver à temps, avec trois cents chevaliers, et après avoir taillé en pièces une partie des corsaires, parvint à délivrer les prisonniers et força Dragut à regagner en hâte ses vaisseaux.

Pour réprimer l'audace des Barbaresques qui sans cesse épiaient l'occasion d'inquiéter les chrétiens, les galères de la Religion et celles du prince de

Lorraine furent mises à la mer, portèrent de nouveau la terreur sur leurs côtes et leur enlevèrent plusieurs navires de guerre et de transport, chargés de marchandises.

Si l'ancien commandeur de Villedieu-lès-Bailleul, devenu grand Maître de l'Ordre de Saint-Jean-de-Jérusalem, occupe une place honorable dans les annales militaires de Malte, comme législateur

et comme administrateur, il a laissé également un nom respecté. Il fit faire, en effet, pendant le temps de son magistère, une réforme générale des statuts et établissements de l'ordre. Il obtint du pape Paul IV, une bulle, donnée à Rome, le 14 juillet 1555, la première année de son pontificat, portant interdiction d'aliéner aucune partie des biens de l'ordre. Le roi Henri II, par ses lettres-patentes, données à Villers-Cotterets, au mois de septembre de la même année, ordonna que tous procès, nés et à naître, relatifs aux commanderies de Saint-Jean-de-Jérusalem, seraient soumis au jugement du Grand Maître et du convent de l'ordre. Par ses autres lettres-patentes du 10 mars 1556, données à Ambroise, le même roi, par application de l'édit ci-dessus, renvoya au Grand Maître et au convent de l'ordre, la connaissance d'un procès pendant au Conseil privé du roi, relatif à la commanderie de Paulhac, dans la Marche.

Les chroniqueurs de l'ordre ont encore noté qu'il est le premier Grand Maître qui ait adopté, comme coiffure ordinaire, le bonnet de velours, de forme ronde, analogue à celui que porte le pape en dehors des cérémonies solennelles, dans lesquelles on pose sur sa tête la tiare à trois couronnes.

Les dernières années de sa vie furent troublées par le souci des affaires de l'ordre et par le chagrin qu'il eut de voir la division des princes chrétiens compromettre les grands intérêts qu'ils avaient pour mission de défendre. Atteint d'une maladie de foie, que ces soucis ne firent qu'agraver, il choisit comme lieutenant le prieur de Saint-Gilles, mais ne cessa de s'occuper de faire travailler aux fortifications et de veiller aux affaires de l'ordre. Il expira le 17 août 1557, à l'âge de soixante-trois ans, après avoir été rudement tourmenté pendant quatre jours par un grand catarrhe qui l'étouffa.

« Il fut enterré avec grand deuil de tout le convent, dit le P. de Naberat, et ses obsèques furent faits avec de grands honneurs.

« Il fut en son temps, ajoute-t il, très bon religieux et mesnagea très bien les deniers publics. Et parce qu'il étoit mort soudainement et n'avoit eu loisir de tester, le Conseil, pour user de gratitude convenable à ses mérites, donna 4.000 escus pour la dot de la fille du seigneur de Montchannat, son frère, une autre somme pour fonder une chapelle, au nom du défunt, au château Saint-Ange, et 6,000 escus pour un parement pontifical de velours cramoisy, broché d'or, aux armes de la Sengle, qui se voit encore à présent en l'église de Saint-Jean (1). »

Ce qui n'est pas moins digne de remarque, c'est qu'on ne crut pouvoir le remplacer qu'en élevant après lui, à la dignité de grand-maître, le célèbre Jean de la Valette, dont il avait constamment favorisé les entreprises maritimes (2).

---

(1) *Histoire des chevaliers de St-Jean-de-Hiérusalem.* Paris, Michel Soly, Pierre Billaine et Gervais Alliot, 1629. Le P. de Naberat, nous a conservé un portrait de Claude de la Sengle, dont nous avons obtenu une bonne reproduction.

(2) Moreri, dans son *Grand Dictionnaire historique* (t. IX, p. 340) a consacré un article à Claude de la Sengle.

V

Le successeur de Claude de la Sengle, comme commandeur de Villedieu-lès-Bailleul, fut Jean de Cochefillet, d'une illustre famille du Perche. On voit figurer dans le rôle de la noblesse du Perche, en 1541, Jehan de Cochefillet, sieur de Prulay. Le commandeur de Villedieu-lès-Bailleul, était, croyons-nous, fils de Guillaume de Cochefillet et de dame Ingrande, héritière de Saint-Martin-de-Villergleuze (1). Les armes de cette famille, d'après le sceau de Joseph de Cochefillet, seigneur de Saint-Martin, capitaine de cinquante lances en 1571, étaient un écu à deux lions, passant l'un sur l'autre, timbré de rinceaux, acosté de deux palmes (2).

Jean d'Aché, commandeur de Villedieu-lès-Bailleul, appartenait à une famille qui a longtemps possédé le fief de ce nom, près d'Alençon. Armes : de geules à trois chevrons d'or, à deux haches adossées en pal dans le premier chevron.

Edme de Villarceaux, commandeur en 1569, rappelle également le nom d'une famille qui a tenu un rang distingué, parmi les combattants pour la patrie française.

Louis de Mailloc, commandeur en 1571, se rattachait à Jean de Mailloc, qui en 1366, était au service du roi de Navarre, en Normandie, et qui donna quittance de gages au receveur d'Orbec.

---

(1) *Revue du Maine* (t. VIII, p. 166).

(2) *Inventaire de la collection Clairembault* (p. 2,635).

Armes : trois maillets au bâton en bande brochant dans un quadrilobe.

Charles-Alexandre de Montigny, commandeur en 1572, appartenait également à une famille dont on trouve le sceau aux Archives nationales et dans la collection Clairembault, mais qui ne paraît pas se rattacher directement à la Normandie.

Il n'en est pas de même de son successeur, Charles de Gaillarbois-Merconville, commandeur en 1594. Jacques de Gaillarbois était garde du château de Touques en 1415. Il donna quittance de gages, en cette qualité, à cette date, et la munit de son sceau à six annelets, au lambel de deux pendants, penché, timbré d'un heaume, cimé d'une tête de griffon (1).

Christophe d'Apremont est encore un nom familier aux amis de la vieille France ; il était commandeur de Villedieu-lès-Bailleul en 1613. On trouve des d'Apremont en Lorraine et en Bourbonnais. Armes : d'argent à six tourteaux de sable, 3, 2 et 1.

Anne de Campremy du Breuil, commandeur en 1629, n'est pas non plus un inconnu pour nous. Les sceaux de cinq chevaliers de ce nom, qui ont pris part aux guerres de Flandre, figurent dans la collection Clairambault.

Anne-François d'Elbène, commandeur en 1631, fit faire des réparations dans les diverses commanderies dont il avait la charge. Il fut receveur général du commun trésor de Malte.

A la même époque, vivait Alexandre d'Elbène, commandeur de Coulommiers, receveur général du Grand-Prieuré de France, fils de Pierre

(1) Ibib, n° 5,890.

d'Elbène, sieur de Villereau, gentilhomme ordinaire de la Chambre du roi, colonel d'infanterie, frère d'un évêque d'Orléans. Armes des d'Elbène : deux bâtons fleurdelisés par le haut, passés en sautoir, le tout d'argent (1).

Jean de Caillemer, prêtre, docteur en théologie, prieur de St-Jean-en-l'Isle-les-Corbeil, était conseiller du roi en son Conseil d'Etat et privé, commandeur de Villedieu-lès-Bailleul en 1655. On rapporte à son honneur qu'il fit appel au zèle du vénérable P. Jean Eudes, pour faire donner des missions dans les paroisses qui dépendaient des commanderies dont il avait le gouvernement. On sait que plusieurs années auparavant, le P. Eudes avait donné des missions aux environs d'Argentan, notamment à Ri, sa paroisse natale, et que les populations en avaient recueilli le plus grand bien. Le mandement de frère Jean de Caillemer, commandeur de Villedieu-lès-Bailleul, pour inviter l'official et le curé de Sault-Chevreuil, à favoriser de tout leur pouvoir, le succès des missions, en faisant le meilleur accueil au R. P. Eudes et à ses auxiliaires, est daté du 15 septembre 1659. Il permuta avec Jacques de Thieuville en Bricquiebosq, chevalier de l'ordre de Saint Jean-de-Jérusalem, en 1674. Ce chevalier était issu d'une famille de l'élection de Valognes, dont la généalogie est dans les Recherches de la noblesse de la généralité de Caen en 1666. Un de ses membres, Paul de Thieuville, épousa Anne de Pellevé de Flers.

Il portait d'argent, à deux bandes de geules accompagnés de sept coquilles de même, 2, 3 et 2.

---

(6) La Chesnaye-des-Bois, 2e édition (t. VII, p. 201)

Jacques de Thieuville était employé à Malte, au service de l'ordre, lorsqu'il fut nommé commandeur. A la date du 15 juin 1674, par acte daté de Malte, il avait donné procuration à messire Jean Costard de la Motte-Hallot, chevalier de l'ordre, pour prendre possession de la Commanderie de Villedieu-lès-Bailleul. Dans le procès-verbal qui fut dressé, en conséquence, le 25 juillet 1674, il est fait mention de la chapelle de Saint-Laurent, dépendant de la Commanderie, dépourvue alors de tous les objets servant à la célébration de l'office divin. La chambre où couchait le commandeur, lorsqu'il résidait à Villedieu, était ornée de huit pièces de tapisserie fort anciennes, en droguet. Trois autres pièces de tapisserie garnissaient une autre petite chambre voisine, et aux murs d'un cabinet attenant, étaient appendus également, deux morceaux de tapisserie.

Les armoires et les buffets étaient suffisamment garnis de linge et de vaisselle. Parmi les objets mobiliers, on remarque même la présence d'une cloche en fonte (1).

Charles Sevin de Baudeville, reçu chevalier en 1647, fut nommé commandeur de Villedieu-lès-Bailleul en 1684. L'ordre compta deux autres chevaliers dans la même famille. Armes : d'azur à une gerbe d'or.

Louis de Rochechouart, de l'illustre famille de ce nom, qui tient une place importante dans l'histoire de Malte et qui a compté parmi ses membres un général des galères de France, fut nommé commandeur de Villedieu-lès-Bailleul, de 1691 à 1699. Né en 1635, il avait été nommé chevalier en 1656. Cousin de la marquise de

(1) Archives de l'Orne, H. 5126.

Montespan, il prenait lui-même le titre de marquis. Son entrée à Villedieu-lès-Poëles fut marquée par un incident, ou plutôt par une farce, dont nous devons la relation à l'ancien directeur des aides et domaines de Carentan, Constantin de Renneville, qui, mis à la Bastille pour quelques vers satiriques contre Louis XIV et contre Philippe V, roi d'Espagne, profita de ces loisirs forcés pour préparer des Mémoires qu'il publia plus tard en Hollande et dans lesquels il a intercalé plusieurs épisodes amusants relatifs à notre pays. Celui de la pêche prodigieuse faite à l'occasion de l'entrée du chevalier-marquis, vaut peut-être la peine d'être reproduit ici, comme un spécimen des amusements et de la joyeuse humeur de nos pères :

L'Ane et le Bailli

« Ville-Dieu est une Commanderie qui dépend des chevaliers de Malte, dont M. le chevalier-marquis de Roche-Choüart, cousin de Mme de Montespan, était commandeur, auquel M. le chevallier de Bellefontaine a succédé. Lorsque j'y étais, M. de Roche-Choüart y fit sa première entrée. Les bourgeois résolurent de faire pêcher, pour lui présenter avec le vin de leur ville, des truites qui sont parfaitement bonnes et dont leur rivière abonde. Les trois compères mentionnés dans l'histoire précédente (compère Engérand, compère Oblin et compère Bataille) furent délégués pour présider à cette pêche et se mirent aussi à l'eau pour pêcher eux-mêmes. La première chose qui tomba dans leur filet fut un âne, que des meuniers après sa mort, avaient jeté dans la rivière. Nos pêcheurs crurent, par sa pesenteur, que c'étoit un poisson énorme. L'un affirmait que c'étoit une baleine, l'autre soutenoit que c'étoit une chose impossible puisqu'une baleine étoit plus grande que tout Ville-Dieu. Le troisième conclut que c'étoit un daufin, et que comme c'étoit un poisson roïal, il ne leur étoit pas permis de le tirer de l'eau qu'en présence du juge. L'avis étoit trop juste pour n'être pas suivi. Par cet avis, compère Engerran sortit de l'eau et, sans avoir le temps de prendre sa chemise, il ne mit que sa culotte, pour aller appeler M. le Baillif et lui enjoindre de venir sur les lieux être le témoin de leur pêche. Pendant qu'il alla faire sa députation en habit, à la vérité qui n'étoit pas trop de cérémonie, mais qui fit bien rire Mme la Baillive et ses filles, la curiosité prit à compère Oblin de voir de quelle couleur étoit le daufin. Pour cet effet, il souleva le filet. La première chose que le daufin montra ce fut une oreille. Pardi, dit le compère Bataille, j'avois bien raison de dire que c'étoit une baleine, puisqu'en voilà les nageoires. Oblin leva encore le filet un peu plus haut, découvrit le museau du beaudet, qui sembloit rire de leur étonnement, en montrant ses dents, et enfin toute la tête, qui leur fit connoître distinctement que leur baleine et leur daufin s'étoient métamorphosez en âne. Oblin cria promptement à son compère Engerran qui avoit déjà été chez le Bailly, qui ne s'étoit arrêté que pour prendre sa robe et son bonnet, afin de faire la chose plus décemment et qui commençoit déjà à paraître magistralement dans la prairie pour se rendre sur les lieux : Haïe ! haïe ! compère Engerrand, retourne dire à M. le Bailly qu'il ne vienne pas ; ce n'est qu'un âne ! Nota que ce Bailly, qui s'appeloit Henry Maurice, et qui se croioit un docteur en droit tout des plus subtils, auroit parfaitement bien tenu sa partie dans la société des Martins. J'en fis rire M. le marquis de Roche-Choüard de tout son cœur, auquel je tins compagnie pendant le séjour qu'il fit dans sa commanderie (1).

François-Auguste Mesnard de Bellefontaine, capitaine des vaisseaux du roi, était commandeur en 1699. La porte par laquelle on entrait dans la Commanderie de Villedieu-lès-Bailleul était surmontée d'un écusson à ses armes.

---

(1) Oscar Havard et J. Grente, *Villedieu-lès-Poeles, sa commanderie*, etc. (t. 1, p. 13). — Constantin de Renneville, *L'Inquisition française* ou *Histoire de la Bastille*.

La charge de commandeur de Villedieu-lès-Bailleul échut, en 1706, à François de Commenges, qui avait succédé, en 1678, comme abbé commendataire de Loroux, au diocèse d Angers, à Philippe, son frère aîné, comme lui chevalier de Saint-Jean-de-Jérusalem, mort en Allemagne, au service de la France. Il était fils de Gaston-Jean-Baptiste de Commenges, chevalier, comte de Commenges, lieutenant-général des armées du roi, ambassadeur en Portugal et en Angleterre, et de Sybille-Angélique d'Amelli. Il prit possession de la Commanderie le 30 décembre 1706 (1) et mourut en 1732 (2). Armes : de gueules à quatre otelles ou amandes, pelées, d'argent, posées en sautoir (3).

Dès 1717, il s'était démis, en faveur de Gabriel de Calonne de Courtebonne, capitaine des galères de France, reçu chevalier de Malte en 1699.

Les de Calonne, barons de Courtebonne, qui ont fourni un grand nombre de chevaliers à l'ordre de Malte, avaient pour armes un écu écartelé, au 1 et au 4, un aigle ; au 2 et au 3, une frette.

Henri-Antoine de Villeneuve-Trans, également capitaine des galères de France, lui succéda en 1721. Il appartenait à une famille des plus illustres de la Provence, qui tient une grande place dans les annales des chevaliers de Saint-Jean-de-Jérusalem. Un de ses membres, Hélion de Villeneuve, vingt-cinquième grand maître, succéda en 1323 à Foulques de Villaret. Il mourut, en 1346, à Rhodes, ou il avait fait bâtir une

(1) Archives de l'Orne, H., 512 b.

(2) *Gallia Christiana* (t. XIV, col. 730).

(3) Renseignements communiqués par M. le comte de Souancé.

église magnifique et un château qui portait son nom.

Louis-Vincent du Bouchet de Sourches de Monsoreau, reçu chevalier en 1692, fut nommé commandeur de Villedieu-lès-Bailleul en 1736. Les du Bouchet, plus tard marquis de Sourches et de Tourzel, comtes de Montsoreau, ont possédé la baronnie de la Ferté-Macé et le fief de Malèfre, près d'Alençon. Armes : d'argent à deux fasces de sable.

Villedieu-lès-Bailleul dut à ce commandeur la réparation de ses halles, de l'auditoire de la haute justice, du four bannal, etc.

Paul de Vion de Gaillon, fut commandeur de 1746 à 1763. Il était fils de Jean de Vion, seigneur de Gaillon et de Huanville, et de Marie du Mesnil-Jourdain. Il avait été reçu chevalier de Saint-Jean-de-Jérusalem en 1700. Il remplit les fonctions importantes de major de la place de Malte Son frère cadet Charles-Claude-Urbain de Vion, était également chevalier de l'ordre.

Pierre de Saint-Paul, d'une famille qui a produit deux chevaliers de Saint-Jean-de-Jérusalem, au XIVe siècle, fut nommé commandeur de Villedieu-lès Bailleul en 1763 ; il occupa ce poste jusqu'en 1766.

Alexandre-Eléonore Le Matayer de la Haye le Comte, fut commandeur de Villedieu-lès-Bailleul de 1766 à 1772. Armes : d'azur à trois aigles rangées, au vol abaissé, becquées et membrées de sable.

Marie-Gabriel-Louis Le Tessier d'Hauteville, reçu chevalier en 1735, fut commandeur de Villedieu-lès-Bailleul, de 1772 à 1774. A cette dernière date, il fut nommé à la Commanderie de Beauvais-en-Gâtinois, qui valait 10,000 livres de revenu et dont il jouit jusqu'à la Révolution (1).

François-Marie-Jean-Baptiste de Boniface du Belhart, reçu chevalier en 1740, nommé commandeur de Villedieu-lès-Bailleul en 1774, clôt la série des chevaliers de Saint-Jean de Jérusalem qui ont possédé ce domaine.

Il posséda, en outre, la commanderie de Coulours. Un contemporain, Aimé Besnou, nous a laissés dans ses souvenirs, une relation de la réception qui lui fut faite, lorsqu'il fit son entrée à Villedieu-lès-Poëles (2).

Il fut harangué par le bailli de la haute justice, par le curé, par le syndic de la paroisse, entourés des membres des corps judiciaires, ecclésiastiques et administratifs, et l'appariteur lui présenta un trousseau de clés, un pain et une bouteille de vin, en signe de vassalité.

---

(1) *Mémoire des Intendants sur l'état des généralités*, tome Ier, Généralité de Paris, publié par M. A. de Boislisle, p. 116. — *Inventaire sommaire des Archives départementales Seine-et-Marne*. H. 987-693, par M. Lemaire.

(2) Oscard Havard, *Villedieu-lès-Poëles*.

Les biens de la Commanderie de Villedieu-lès-Bailleul furent sequestrés en 1792, et eurent le sort de tous les biens nationaux.

Voici qu'elle était leur consistance :

On entrait dans la cour du manoir par une porte, décorée des armes du commandeur F.-A. Mesnard de Bellefontaine, comme on l'a vu plus haut. L'habitation du commandeur se composait d'un bâtiment assez régulier, bâti en pierres et entouré de fossés, précédé d'une vaste cour où se trouvait la chapelle Saint-Sauveur, ainsi que les bâtiments d'exploitation et les prisons ou basses-fosses. Près de la porte d'entrée était le four banal. La Commanderie possédait, en outre, un moulin banal, établi sur la rivière de Dives, au hameau de Magni, sur les limites des paroisses de Trun et de Tournai-sur-Dives.

Le domaine de la Commanderie se composait de soixante-six acres de terre labourable, de vingt-quatre acres de bois, appelés le Bois-du-Maitre, plus six acres de prairie sur le bord de la rivière de Dives et de trois arpents de garennes ou de bruyères.

Le commandeur, en sa qualité de seigneur et patron de Villedieu-lès-Bailleul, présentait à la cure. L'église était, d'ailleurs, dédiée à Saint-Jean-Baptiste, patron de l'ordre. Il jouissait, en outre, d'une partie des grosses et menues dimes de la paroisse ainsi que de celles de Neauphe, et de Saint-Lambert sur-Dives. Il prélevait enfin les droits de cens et rentes sur les mêmes paroisses, ainsi que sur celles de la Chapelle-Chouquet, Trun, Beaumais, Saint-Pierre-la-Rivière, Coulonces, les Moutiers, Morteaux et Sainte-Eugénie.

Tous ces biens réunis étaient affermés 2.300 livres, y compris les gages du garde forestier, montant à 50 livres, qui devaient être acquittés par le fermier de la Commanderie. Il est facile de voir qu'il restait à celui-ci un joli bénéfice.

L'importance du bourg de Villedieu-lès-Bailleul était incontestablement plus grande avant la Révolution qu'elle n'est aujourd'hui. Ses halles monumentales, posées sur des pilastres en pierre dont les chapiteaux de très grande dimension subsistent encore, attestent qu'il s'y faisait alors un certain commerce. On y comptait, au XVIIe siècle, environ deux cents communiants (1). Villedieu-lès-Bailleul, situé sur un plateau assez élevé fut fréquemment ravagé dans le siècle suivant par la grêle et par les orages. En 1767, le revenu des terres était évalué, par l'intendant d'Alençon, à 3.500 livres (2). Le montant des impositions, tant en propre qu'à ferme, était de 257 livres; celui des taux matériels et industriels s'élevait à 294 livres. Le revenu de la cure était de 300 livres.

En 1788 la municipalité ne portait la population qu'à 60 feux et à environ 160 à 180 communiants. Elle déclarait en outre qu'il n'y avait dans la paroisse « pour tous gentilhommes, que M. le commandeur, seigneur et patron de la paroisse, et messire Louis-Georges du Ommėel, écuyer, sieur de Vaux, mais il a vendu sa terre. Il n'y a non plus aucun ecclésiastique ni autres privilégiés.

---

(1) Pouillé de l'Evêché de Sées.

(2) Arch. dép., C. 793.

« Il n'y a dans notre paroisse ni manufactures, ni commerce, et malheureusement point d'espérance d'y en voir jamais établis. Tous les habitants, si on en excepte quatre ou cinq laboureurs propriétaires et trois fermiers, sont journaliers ou manœuvres et ne subsistent que par leur travail. Il y a cinq à six maisons où les pères et mères sont chargés d'enfants, qui auroient besoin de secours et qui n'en trouvent que dans la charité de leurs voisins, n'y ayant dans dite paroisse aucuns établissements ni ateliers de charité en leur faveur...

« Les chemins de communication aux villes, bourgs et autres lieux circonvoisins sont praticables dans toute l'étendue de notre paroisse qui est très circonscrite, et nous sommes même en état de fournir abondamment à nos voisins matière à accommoder les leurs (1). »

Ces doléances étaient, croyons-nous, bien légitimes. Mais point ici de ces plaintes amères qui abondent dans certains des cahiers de 1789 qu'il faut bien se garder de confondre avec les Mémoires rédigés par les municipalités de l'élection d'Argentan qui nous ont été heureusement conservés et qui renferment les éléments d'une enquête sérieuse sur l'état du pays au moment de la Révolution.

Le commandeur de Villedieu devait directement l'hommage au roi et recevait les aveux des arrière-vassaux de la Commanderie.

Il peut y avoir intérêt à rappeler la forme dans laquelle ils étaient rendus. En voici un spécimen, remontant à l'année 1617 :

---

(1) *Annuaire de l'Orne*, 1887. Partie historique. Archives départementales, C. 1186.

« De hault et puissant seigneur, frère Christophe d'Apremont, chevalier de l'ordre de Saint-Jean-de-Hierusalem, seigneur et commandeur des Commanderies de Villedieu-lez-Bailleul et autres dépendances d'icelle Commanderie.

« Tiens, gage et advonc à tenir, parfoy en hommage, Me Etienne Marjot, presbtre, de la paroisse de Neaupthe, c'est assavoir une maison avec une petite cour, etc. Item une pièce de terre nommée le Fournil-Bailleux.

« A raison desquels ledit Marjot est subjet à la faisance de six liards et demi chapon, qui est la moitié de trois sols et un chapon, dont Jacques Potier et Gilles Potier sont tenus fere l'autre moitié, pour tenir leurs maisons en héritages subjets à la faisance d'icelle rente. Plus ledit Marjot subjet à trois sols et un chapon de rente dont les hoers François Blondel sont tenus m'en descharger, à raison qu'ils ont acquis la maison et héritage de René Thierry qui estoit subjette à la faisance d'icelle rente ; laquelle maison et héritage avoit esté baillie au dit Thierry par Ives Marjot pour l'en descharger. Sauf à plus avant bailler, si mestier. Fait le 14 de juin 1617 ».

Cet aveu fut rendu aux assises tenues par Pierre du Borgner, lieutenant du bailli (1).

En raison de ce fief, le commandeur de Villedieu-lès-Bailleul jouissait des droits de haute justice qu'il faisait exercer par un bailli, assisté d'un lieutenant, d'un procureur fiscal et d'un sergent. Cette juridiction s'étendait au Bourg-Saint-Léonard, dans les paroisses de Guêprei et de Tournai-sur-Dives et jusque sur certaines portions du territoire d'Ecouché et de

(1) *Archives de l'Orne*, H 3258.

Serans. Le ressort de cette haute justice était compris dans le baillage de Falaise. Un arrêt du parlement de Paris, au terme de la Toussaint 1272, avait ordonné, en effet, que l'évêque de Sées, le commandeur de Villedieu-lès-Bailleul et l'abbé de Saint-Vigor de Cerisi, à cause de la baronnie de Marcei, ne seraient pas sujets à la juridiction de l'Echiquier d'Alençon, mais que reconnaissant le roi comme leur seigneur et unique souverain, et relevant immédiatement de lui, leurs causes seraient renvoyées devant le juge royal. Il en résulta que les appels des sentences concernant Sées, Villedieu-lès-Bailleul, Marcei et leurs dépendances furent reçus par le bailli de Caen ou son lieutenant à Falaise jusqu'à l'époque de la suppression de l'Échiquier d'Alençon, lors de la réunion de ce duché à la couronne.

C'est dans cette période, c'est-à-dire de 1272 à 1562, qu'à Villedieu-lès-Bailleul, à côté de la haute justice, exercée au nom du commandeur, exista une juridiction royale, appelée vicomté, ressortissant du baillage de Caen.

Nous avons cité plus haut (1), le nom d'un des vicomtes de Villedieu-lès-Bailleul, Jehan des Pierres, qui vivait au milieu du xve siècle. En 1517, nous en rencontrons un autre, Pierre du Londel, écuyer. En 1525, Mathieu Le Sermyer, écuyer, était, à la fois, vicomte et garde des sceaux de la vicomté (2).

En 1569, dans l'aveu rendu par Michel et Jacques Le Hongre, comme possesseurs de la sergenterie de Montaigu et Trun, se trouve mentionné Villedieu-lès-Bailleul et ses dépendances,

(1) *Archives de l'Orne*, p. 12.

(2) *Id.* H. 1687 et 1753.

du ressort de la haute justice de la Commanderie, relevant du siège de Falaise, qui subsista jusqu'à la Révolution. Il faut noter cependant qu'une partie du territoire de Villedieu relevait du fief de Tournai, tenu directement du roi, sous Exmes (1).

(1) Mannoury de Perteville. *Mémoires de la Maison d'Alençon*, p. 18 (*Mss.*) Archives de l'Orne.

A la distance où nous sommes de l'époque orageuse où fut aboli le régime féodal, il est permis de se demander, sans crainte d'être soupçonné de le regretter, ce que la France a gagné à la suppression de l'ordre de Malte et de rappeler sommairement le rôle politique qu'il continuait à jouer au moment de la Révolution. C'est l'occasion de dire aussi que les noms ornais étaient nombreux encore parmi les chevaliers de l'ordre. Nous croyons même utile d'en citer quelques-uns :

Achard de Bonvouloir (Charles-François-Auguste), reçu chevalier en 1775, et Achard de Bonvouloir (Charles), reçu en 1789.

Acres de Laigle (Charles-Edouard des), reçu en 1775.

Andlaw (Jean-Stanislas d'), reçu en 1784.

Argouges (Louis d'), commandeur de Saint-Rémy, 1725.

Berghes (Eugène-Louis-Guislian de), reçu en 1794.

Bernard d'Avernes (Eustache), 1705.

Bernard de Courmesnil (Jacques) 1643.

Brossard (Amédée-Hippolyte et Louis-Philippe-Joseph de), reçus en 1786 et 1789.

Grosourdy (Armand de), officier au régiment de Vintimille, demeurant au château de Saint-Pierre, titulaire de la chapelle de Saint-Anne de Mont-Milcent, en 1790.

Morel d'Aubigny (Achille-Hardouin de), reçu en 1712.

Moucheron (Auguste-Ferdinand de), reçu en 1781.

Thiboult du Grais (François de), reçu en 1610.

Thiremois de Tertu (Gilles-Pierre-Laurent et Pierre-Guillaume-René de), reçus en 1694 et 1695.

Turgot (Etienne-François de), reçu en 1722.

Vauquelin (François-Marie-Jacques-Gabriel, reçu en 1777).

Les Commanderies, comprises dans les huit langues de l'ordre : Provence, Auvergne, France, Italie, Aragon, Allemagne et Castille, étaient au nombre de 750. Elles étaient administrées par des chevaliers, généralement âgés ou momentanément malades, délégués par l'ordre pour percevoir les revenus de ces fiefs viagers dont une part déterminée servait à alimenter le trésor de l'ordre et à assurer la défense de Malte.

Le vicomte de Mirabeau, ancien chevalier de Malte, frère du grand orateur, comme lui, membre de l'Assemblée nationale en 1789, n'hésita pas, dans la séance du 17 août, après avoir rappelé les avantages que la France tirait de l'existence de l'ordre, à signaler les dangers qui pouvaient résulter dans l'aveuir, de sa suppression. Il montra l'Angleterre, attendant avec impatience cette occasion pour se rendre la maîtresse de la Méditerranée, après s'être emparée de l'île de Malte. Il rappella la protection constante que la marine Maltaise prêtait à notre commerce et le secours que nos matelots malades recevaient dans cet hopital, établi dans des conditions exceptionnelles.

Dans une autre séance, un des baillis de l'ordre, également membre de l'Assemblée nationale, présenta la question sous son véritable point de vue en insistant sur ce fait que les chevaliers de Malte formaient une véritable confédération de toutes les puissances catholiques, représentées par la noblesse, le clergé et les communes de ces même puissances, ayant essentiellement pour but la protection du commerce contre les pirates. La Chambre de Commerce de Marseille était trop intéressée dans le débat pour ne pas essayer d'intervenir. Elle le fit avec énergie et déclara que l'île de Malte et les vaisseaux entretenus par les chévaliers, étaient un secours indispensable pour la continuation de ses relations avec le Levant qui contribuaient pour une si grande part à alimenter le commerce de la France.

Ces prévisions pessimistes, l'évènement l'a prouvé, n'étaient que trop fondées, et il est évident que du moment que l'alliance entre la France et l'ordre de Malte était rompue, l'île était condamnée à tomber dans les mains des Anglais. Il est inutile d'insister sur les conséquences politiques de la disparition d'un état indépendant, dont la neutralité assurait la paix de l'Europe, et qui placé au cœur de la Méditerranée, servait non seulement de barrière entre l'Orient et l'Occident, mais contribuait à maintenir l'équilibre entre les nations chrétiennes, toujours prêtes à se disputer l'Egypte.

Nous prions ceux de nos lecteurs qui ne s'attendent à rencontrer dans une monographie telle que celle-ci, que des faits locaux bien précisés, des noms et des dates, de nous pardonner cette excursion sur le domaine de l'histoire générale et de la politique européenne. Les autres, nous l'espérons, nous sauront gré, au contraire, d'avoir essayé de rompre la monotonie d'une sèche nomenclature en les invitant à porter un instant leurs regards au-delà des limites de la commanderie de Villedieu.

IX

Ce n'est pas sans un sentiment de regret que nous nous détachons de ces souvenirs, de ces ruines, en face desquels nous avons passé d'heureux moments. Nous avons vu défiler la longue suite des commandeurs, drapés dans leurs manteaux blancs, décorés de la croix de Saint-Jean-de-Jérusalem, en tête desquels marche le grand maître, Claude de la Sengle. Nous avons pu, grâce au talent de notre ami, M. Angel Thouin,

[illegible]

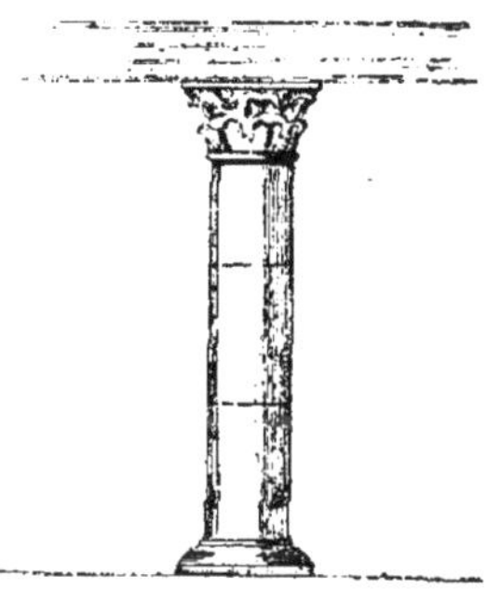

[illegible]

faire passer sous les yeux des lecteurs, les vues et plans des ruines de la commanderie et du manoir du XVe siècle, qui donne une idée de l'ancienne prospérité du bourg de Villedieu, notamment du bâtiment voûté en arc parabolique soutenu par des piliers ronds, qu'on dit être l'ancienne prison de la Commanderie.

La chaine même qui servait à attacher les

prisonniers et qui se terminait par un carcan aurait été retrouvée. Ce renseignement nous a été communiqué par M. Dannequin, juge de paix du canton de Trun, qui a eu la bonne pensée de recueillir quelques souvenirs relatifs à ce pays.

Après avoir interrogé les ruines et épelé les documents, nous avons encore l'avantage de pouvoir emprunter à un Argentanais du XVIIIe siècle, une description de visu de la commanderie, au moment où la Révolution vint l'anéantir ainsi que tous les établissements religieux qui faisaient l'honneur et la force de la vieille France

« Villedieu paraît avoir été autrefois un lieu beaucoup plus étendu. On remarque encore dans cette paroisse, les traces de plusieurs anciennes rues, bordées de décombres. A droite de la rue qui traverse la paroisse en allant d'Argentan à Trun, on y voit encore quatre gros piliers en pierre de taille, de forme ronde, avec leurs chapiteaux, une partie enfouie en terre, et des éclats de rochers, qui sont les restes d'une ancienne halle. Ces débris attestent en faveur de la tradition du pays, que Villedieu a été autrefois un ancien bourg, composé de 1,700 feux, nombre qu'on peut croire exagéré.

« Les gens du pays rapportent qu'il y avait dans l'ancien temps une communauté de Templiers, établis à Ville-Dieu. On montre le lieu qu'ils habitaient et chaque religieux, disent-ils, avait une cellule et un jardin. Cet emplacement est à droite d'une petite rue plus bas que l'ancienne halle, vers Trun, et qui se dirige du côté de Tournay. M. de Tertu m'a assuré de l'ancienneté de cette tradition.

« Du côté du Levant, l'église qui est vaste, les bâtiments de la commanderie, la chapelle du Commandeur, sous l'invocation de Saint-Laurent. L'auditoire de la haute justice et autres habitations particulières, sont bornés par un vallon profond, inégal dans sa largeur, formé de deux chaînes de rochers, dont la variété, les escarpements, présentent un site qui étonne et imprime le sentiment de la terreur.

« Le fond de ce vallon a formé autrefois le lit d'un étang, les digues des deux bouts sont encore existantes en partie. C'est le lieu où s'était retiré le fameux serpent de Ville-Dieu sur lequel la tradition nous a transmis plusieurs versions[1]. »

---

(1) Description des cent soixante-neuf paroisses qui composaient l'ancien vicomté d'Argentan (Mss).

APPENDICE

PLAINTES, DOLÉANCES & REMONTRANCES

Des Habitants de Villedieu-lès-Bailleul

EN 1789

Demandes et observations que présentent au Roi, tenant ses Etats généraux, ses très humbles, très obéissants et très fidèles sujets, les habitants composant le Tiers Etat de la paroisse de Villedieu-lès-Bailleul, élection d'Argentan, bailliage de Falaise :

1° Que comme vassaux et dépendant de l'Ordre de Malte, ils jouissaient ci-devant de différents privilèges, droits, dignités et libertés, reconnues et confirmées par les papes et les rois, depuis l'institution de l'Ordre religieux et militaire de MM. les chevaliers de l'Ordre de Saint-Jean-de-Jérusalem, qui fut en l'an 1104, jusqu'au temps où les besoins de l'Etat ont exigé la suppression de ces mêmes droits, desquels ils demandent à rentrer dans leur force et vertu (1).

2° Qu'il soit diminué le nombre multiplié des impôts et réduit à un seul, à cause des frais de commis, de régisseurs, etc., qui emportent plus des trois quarts du produit de ces sortes d'impôts multipliés.

3° Que le sel, qui est de première nécessité à l'homme, soit marchand comme toute autre denrée, ainsi que le tabac.

4° Que les droits des aides, si nuisibles au commerce, si attentatoires à la liberté et qui s'exercent avec tant de dureté, soient absolument supprimés.

5° Que la perception des contrôles soit simplifiée ; que cet établissement, fait pour la sûreté du citoyen, cesse d'être un sujet de vexation; qu'il soit rédigé un nouveau tarif où chaque particulier

---

(1) Il est intéressant de constater qu'au moment même où le régime féodal était dénoncé comme l'une des causes des maux de la France, et où les Etats généraux après s'être constitués en Assemblée nationale, allaient prononcer son abolition, les vassaux de la Commanderie de Villedieu-lès-Bailleul réclamaient le rétablissement des droits et privilèges de l'Ordre de Malte, dont ils recueillaient de nombreux avantages. Il s'agit d'ailleurs probablement ici surtout des droits d'usage dans les forêts et bois des environs.

puisse savoir et apprendre ce qu'il doit et se mettre par là, à l'abri de l'arbitraire du traitant.

6° Que les receveurs généraux et particuliers des finances, soient supprimés et que le nom en soit entièrement oublié. Leur inutilité est connue, ainsi que leurs profits immenses qui ruinent le peuple et absorbent la plus grande partie des impositions qui peuvent être versées directement, et à peu de frais dans le trésor royal.

7° Que tous les sujets et citoyens du royaume, tant ecclésiastiques, nobles et roturiers, ayant un droit égal à la conservation de l'Etat, soient également imposés, chacun à proportion de leurs revenus et facultés et sans aucune distinction de privilèges et de prérogatives.

8° Que tous les colombiers et fuies soient abolis et détruits et, dans le cas où l'on trouverait juste d'en laisser subsister quelques-uns, que les propriétaires d'iceux soient tenus de les fermer pendant le temps de semailles de toutes espèces de grains, depuis la mi-juin jusqu'après la récolte; qu'en conséquence, il soit permis aux cultivateurs de tirer sur les pigeons dans les dits temps prohibés.

9° Que les arrêts et règlements, ordonnances et déclarations soient renouvelées, concernant les défenses de la chasse depuis les commencement des semailles jusqu'après la récolte, et qu'il soit permis aux cultivateurs et propriétaires de campagne d'avoir au moins par maison, un fusil pour sa sûreté.

10° Que toutes espèces de banalités et corvées soient abolies, ainsi que les garennes non enfermées et closes, et qu'il soit permis de tirer sur toute espèce de bêtes fauves qui détruisent si communément les récoltes du cultivateur rivager des forêts, et suppression des dîmes des verdages.

11° Que la justice soit rendue gratuitement et que les places de judicature cessent d'être vénales ; il en résultera le précieux avantage de ne point donner l'exclusion aux talents et à la probité. Que chaque place se trouve remplie par des juges qui auront travaillé au moins vingt ans, dans l'état d'avocat et qui s'y soient distingués. Qu'il soit libre à chaque particulier d'instruire son procès, s'il le juge à propos, sans le ministère d'avocats et procureurs. Qu'on établisse, dans chaque paroisse, des juges de paix, qui connaîtront, sans aucun frais, des actions en dommage, dont jamais l'intérêt n'égale les frais énormes des procédures et dont les jugements seront sans appel, jusqu'à la concurrence de cent livres.

12° Que les chemins de villes à bourgs soient rélargis et racommodés en forme de chaussées, tant pour la sûreté du voyageur que commodité et avantage du commerce, sans en faire de nouveaux dans lesquels se trouvent souvent des fonds précieux et dont les dépenses sont énormes.

13° Qu'il soit mis une taxe sur tous les domestiques inutiles et superflus des villes dont elles sont si peuplées, lesquels étant presque tous tirés des campagnes, laissent l'agriculture entre les mains d'un petit nombre qui ne peut y suffire.

14° Supprimer la mendicité et empêcher les pauvres de divaguer, et leur enjoindre de rester dans leurs paroisses, sous peine de punition, parce que le gouvernement fournira le moyen de les faire vivre en travaillant.

15° Qu'il soit établi, dans les villes et bourgs, des magasins de toute espèce de grains, pour servir dans des années de disette et de famine.

Le présent cahier fait, rédigé et signé double par nous soussignés, tous assemblés au son de la cloche, en la manière accoutumée, qui avons nommé pour députés les personnes de Louis Charpentier et François Marais, paroissiens et acceptants, auxquels nous avons remis le double du présent, pour être par eux porté à l'Assemblée, qui se tiendra demain lundi, neuf du présent mois, devant M. le lieutenant général du bailliage de Falaise.

Ce jourd'hui, dimanche 8 mars 1789.

Francois Marais, Louis Charpentier, Jacques Viel, Charles Daunous, Augustin Boutigny; Pierre Viel, Toussaint Boutigny, Etienne Cardon, Francois Charpentier.

Argentan. — Imprimerie du " Journal de l'Orne "

www.ingramcontent.com/pod-product-compliance
Ingram Content Group UK Ltd.
Pitfield, Milton Keynes, MK11 3LW, UK
UKHW020430230726
13925UKWH00004B/1678

9 782019 216634